Filosofia para crianças

De criança para crianças

Era uma vez!

Caixinha de ovos!

História para colorir!

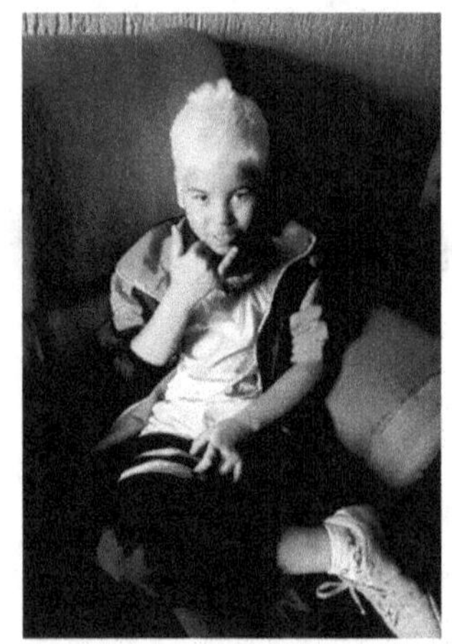

Por: Bernardo Octaviano Pereira

Este livro pertence a:

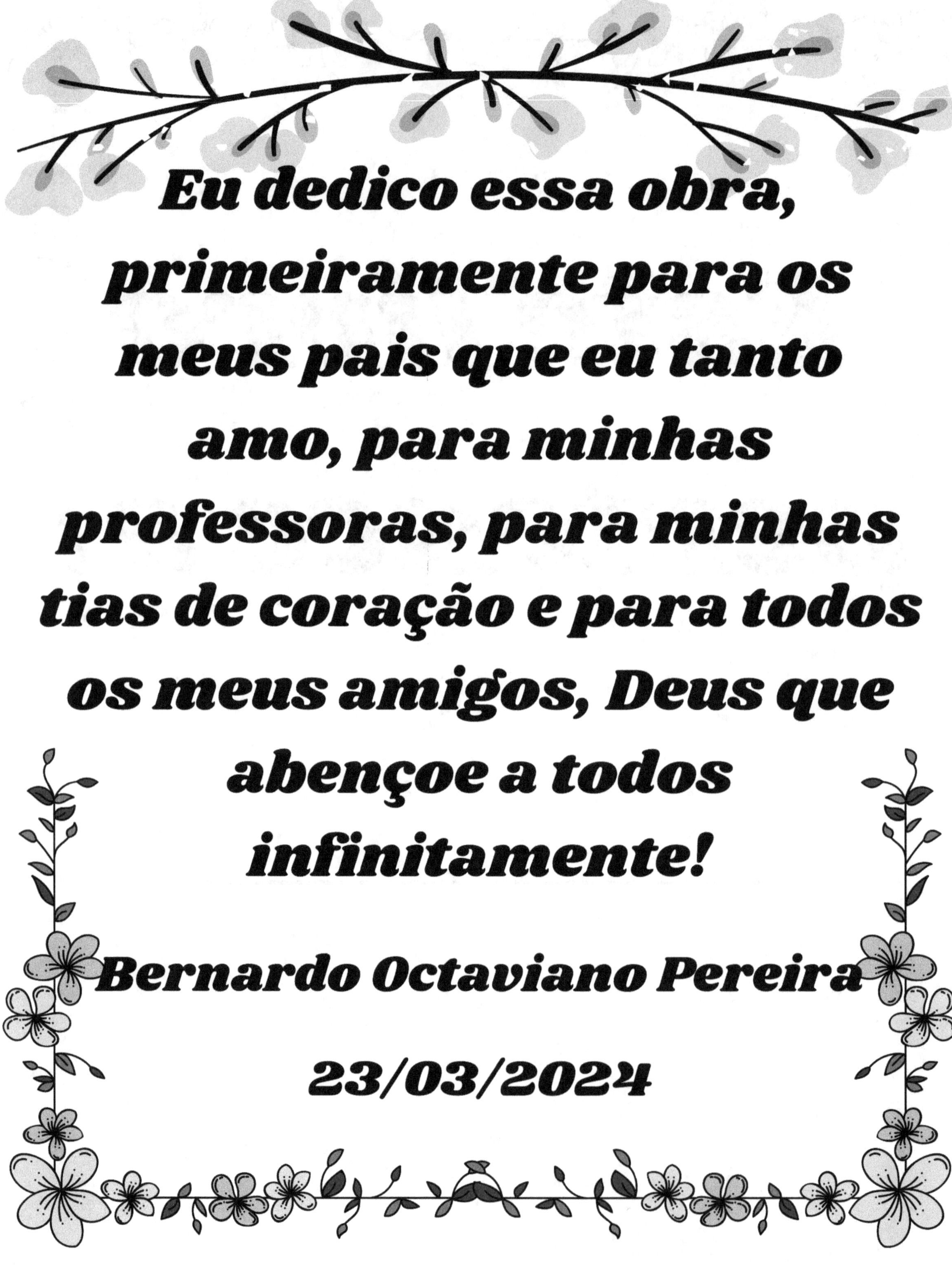

Eu dedico essa obra, primeiramente para os meus pais que eu tanto amo, para minhas professoras, para minhas tias de coração e para todos os meus amigos, Deus que abençoe a todos infinitamente!

Bernardo Octaviano Pereira

23/03/2024

Era uma vez, em um bairro afastado da cidade, onde uma festa animada celebrava a alegria da vida. No final da festa,

quando todos se preparavam para ir embora, uma senhora idosa acompanhada de sua netinha, pediu carona para alguns jovens.

Ela explicou que precisavam chegar até um ponto de ônibus mais próximo e contou que sempre contavam com a companhia do "papai do céu" em suas jornadas.

A motorista, entre risos e brincadeiras, sugeriu que só havia espaço no porta-malas do carro para ela, a menina e o "papai do céu".

Todos, ainda animados e um pouco embriagados, entrarão no carro e partiram, cantando pneus e rindo alto pela estrada.

Pouco depois, a senhora conseguiu uma carona com um casal que também saía da festa. Juntos, seguiram pela estrada escura e sinuosa. No entanto, em um trecho próximo,

depararam-se com uma cena terrível: o carro dos jovens, que teriam negado a carona inicialmente, estava completamente destruído, caído em uma ribanceira.

O horror tomou conta de todos ao verem a devastação à sua frente. Os socorristas chegaram rapidamente no local do acidente. Contudo, em meio aos destroços,

no porta-malas algo surpreendente permanecia intacto: uma cartela de ovos. Era como se o "papai do céu" estivesse ali, protegendo-os mesmo em meio à tragédia.

Essa experiência deixou uma marca profunda nos sobreviventes e na comunidade. A senhora, com lágrimas nos olhos, agradeceu ao "papai do céu"

por sua proteção milagrosa. Eles entenderam que, às vezes, a segurança e a proteção vêm de onde menos esperamos, nos momentos mais inesperados.

Essa história nos lembra da importância de caminhar com fé e gratidão no coração, confiando que, mesmo nos momentos mais sombrios,

"papai do céu" está sempre conosco, protegendo-nos e guiando-nos em nossa jornada pela vida, ande sempre com o "papai do céu"!

Fim!

www.ingramcontent.com/pod-product-compliance
Lightning Source LLC
Chambersburg PA
CBHW081541250726
48659CB00009B/3037